The Journey Of The Little Star: Bilingual German-English Stories for German Language Learners

Pomme Bilingual

Published by Pomme Bilingual, 2024.

While every precaution has been taken in the preparation of this book, the publisher assumes no responsibility for errors or omissions, or for damages resulting from the use of the information contained herein.

THE JOURNEY OF THE LITTLE STAR: BILINGUAL GERMAN-ENGLISH STORIES FOR GERMAN LANGUAGE LEARNERS

First edition. July 15, 2024.

Copyright © 2024 Pomme Bilingual.

ISBN: 979-8227077974

Written by Pomme Bilingual.

Table of Contents

Die Reise des Herzens

In einem kleinen, ruhigen Dorf, das sich zwischen sanften Hügeln und dichten Wäldern versteckte, lebte ein junger Mensch namens Leo. Leo war bekannt für seine lebhafte Vorstellungskraft und seine unerschütterliche Neugier. Doch trotz all seiner Abenteuerlust spürte er in seinem Herzen eine tiefe Unruhe, als ob er auf der Suche nach etwas sei, das ihm nicht ganz klar war.

Eines Morgens, als die Sonne gerade begann, ihre goldenen Strahlen über die Landschaft zu legen, stand Leo am Rand eines dichten Waldes. Der Nebel, der noch wie ein sanfter Schleier über dem Boden lag, schien ihn einzuladen, den unbekannten Pfad zu erkunden. „Vielleicht finde ich dort die Antworten auf meine Fragen", dachte Leo und nahm seine ersten Schritte in den geheimnisvollen Wald.

Im Herzen des Waldes entdeckte Leo einen riesigen, knorrigen Baum, dessen Äste wie ausgebreitete Arme schienen, um ihn willkommen zu heißen. Der Baum sprach in einem sanften, beruhigenden Ton: „Ich habe auf dich gewartet, Leo. Manchmal, wenn wir auf der Suche nach Antworten sind, müssen wir uns selbst fragen, was wir wirklich suchen."

Leo war erstaunt. „Aber wie soll ich das wissen?" fragte er.

„Manchmal", antwortete der Baum, „liegt die Antwort in der Stille, in den Momenten, wenn wir einfach nur zuhören."

Leo setzte sich an den Fuß des Baumes und schloss die Augen. In der Stille des Waldes begann er, die leisen Geräusche des Lebens um ihn herum wahrzunehmen: das Rascheln der Blätter, das Zwitschern der Vögel und das sanfte Rauschen eines nahegelegenen Baches. Nach einer Weile bemerkte er, dass seine Gedanken klarer wurden. Er verstand, dass seine Suche nach Antworten oft nur ein Weg war, sich selbst besser kennenzulernen.

Leo setzte seine Reise fort und traf bald auf eine alte, weise Eule, die auf einem Ast saß und ihm neugierig entgegenblickte. „Wer bist du?" fragte Leo.

„Ich bin der Hüter der Mutigen," antwortete die Eule. „Und ich weiß, dass du auf der Suche nach etwas bist. Mut bedeutet nicht, keine Angst zu haben, sondern trotz der Angst weiterzugehen."

Leo dachte über diese Worte nach. „Aber was ist, wenn ich nicht weiß, wohin ich gehen soll?"

„Der Weg wird sich zeigen, wenn du den ersten Schritt wagst," sagte die Eule. „Die mutigsten Menschen sind oft diejenigen, die den Mut haben, einfach zu beginnen."

Als die Nacht heranbrach, fand sich Leo in einer tiefen, dunklen Höhle wieder. Der Weg vor ihm war nur von einem schwachen Lichtschein erleuchtet. Leo fühlte sich ängstlich, aber er erinnerte sich an die Worte der Eule und beschloss, weiterzugehen. Mit jedem Schritt wurde die Dunkelheit weniger bedrohlich, und bald fand er sich in einer wunderschönen, leuchtenden Kristallhöhle wieder, deren Wände im Licht schimmerten.

„Die Dunkelheit war nur ein Teil des Weges," dachte Leo. „Es war die Herausforderung, die mich wachsen ließ."

Nach vielen Abenteuern und Erkenntnissen fand Leo schließlich den Weg zurück zu seinem Dorf. Er war verändert. Die Unruhe in seinem Herzen war gewichen und ersetzt worden durch eine tiefe Gelassenheit und Klarheit. Er hatte verstanden, dass die Suche nach Antworten oft eine Reise zu sich selbst ist und dass der wahre Schatz in der Selbstentdeckung liegt.

Als Leo in sein Dorf zurückkehrte, wurde er von seinen Freunden und seiner Familie herzlich empfangen. Er erzählte ihnen von seinen Erlebnissen und den Lektionen, die er gelernt hatte. Seine Reise hatte ihn nicht nur zu neuen Erkenntnissen geführt, sondern auch seine Beziehungen vertieft und sein Herz geöffnet.

Leo wusste nun, dass der Weg, den er gegangen war, nicht nur ein Pfad durch den Wald war, sondern auch eine Reise in die Tiefe seines eigenen Herzens. Und so lebte er weiter, erfüllt von der Erkenntnis, dass die wahre Reise immer die ist, die wir zu uns selbst unternehmen.

The Journey of the Heart

In a small, quiet village nestled between gentle hills and dense forests, lived a young person named Leo. Leo was known for his vivid imagination and unshakable curiosity. Yet, despite all his adventurous spirit, he felt a deep unrest in his heart, as if he were searching for something he couldn't quite identify.

One morning, as the sun began to cast its golden rays over the landscape, Leo stood at the edge of a dense forest. The mist that still lay like a soft veil over the ground seemed to invite him to explore the unknown path. "Perhaps I'll find the answers to my questions there," thought Leo as he took his first steps into the mysterious woods.

In the heart of the forest, Leo discovered a massive, gnarled tree, its branches spreading out like welcoming arms. The tree spoke in a gentle, soothing tone: "I have been waiting for you, Leo. Sometimes, when we seek answers, we need to ask ourselves what we are really looking for."

Leo was astonished. "But how am I supposed to know?" he asked.

"Sometimes," replied the tree, "the answer lies in silence, in the moments when we simply listen."

Leo sat down at the base of the tree and closed his eyes. In the stillness of the forest, he began to notice the quiet sounds of life around him: the rustling of leaves, the chirping of birds, and the gentle rush of a nearby brook. After a while, he realized that his thoughts became clearer. He understood that his quest for answers was often just a way to get to know himself better.

Leo continued his journey and soon met an old, wise owl perched on a branch, looking at him with curiosity. "Who are you?" asked Leo.

"I am the Guardian of the Brave," replied the owl. "And I know you are searching for something. Courage does not mean being without fear; it means moving forward despite fear."

Leo pondered these words. "But what if I don't know where to go?"

"The path will reveal itself when you take the first step," said the owl. "The bravest people are often those who have the courage to simply begin."

As night fell, Leo found himself in a deep, dark cave. The path ahead was illuminated only by a faint glimmer of light. Leo felt frightened, but he remembered the owl's words and decided to keep going. With each step, the darkness became less threatening, and soon he found himself in a beautiful, glowing crystal cave, its walls shimmering in the light.

"The darkness was just a part of the path," thought Leo. "It was the challenge that made me grow."

After many adventures and realizations, Leo finally found his way back to his village. He had changed. The unrest in his heart had been replaced by a deep serenity and clarity. He understood that the quest for answers is often a journey to oneself and that the true treasure lies in self-discovery.

As Leo returned to his village, he was warmly welcomed by his friends and family. He shared his experiences and the lessons he had learned. His journey had not only led him to new insights but had also deepened his relationships and opened his heart.

Leo now knew that the path he had traveled was not just a route through the forest but also a journey into the depths of his own heart. And so he lived on, filled with the realization that the true journey is always the one we undertake to ourselves.

Eine Reise durch die Farben des Lebens

In einem kleinen, friedlichen Dorf am Rande eines tiefen Waldes lebte ein Junge namens Finn. Finn war ein Träumer. Er verbrachte seine Tage damit, in den Himmel zu schauen und sich Geschichten über ferne Länder und geheimnisvolle Abenteuer auszudenken. Doch in letzter Zeit fühlte Finn sich innerlich leer, als ob ihm ein wichtiges Stück seiner eigenen Geschichte fehlte.

Eines Morgens, als der Himmel in sanften Pastelltönen aufging und die ersten Sonnenstrahlen die Welt mit einem goldenen Glanz überzogen, fand Finn ein geheimnisvolles, leuchtendes Buch unter einem alten Baum. Es war keine gewöhnliche Schriftrolle, sondern schien fast zu pulsieren, als ob es den Rhythmus seines Herzens fühlte. „Vielleicht kann dieses Buch mir helfen, die Leere in mir zu füllen", dachte Finn, während er das Buch vorsichtig öffnete.

Auf der ersten Seite des Buches stand nur ein einfaches Bild: ein Herz, das von verschiedenen Farben umgeben war. Die Farben schienen zu tanzen und sich zu bewegen, als ob sie eine eigene Sprache sprechen würden. Unter dem Bild war ein kleiner Text geschrieben: „Der Klang des Herzens ist das Echo deiner Seele."

Finn war verwirrt. „Wie soll ich verstehen, was das bedeutet?" fragte er sich. Doch tief in seinem Inneren spürte er eine leise Stimme, die ihm sagte, dass er die Antwort auf seiner Reise finden würde. So machte sich Finn auf den Weg, um herauszufinden, was der Klang seines Herzens wirklich bedeutete.

Finn wanderte tagelang durch den Wald, bis er eines Tages eine kleine Hütte entdeckte, die zwischen den Bäumen versteckt war. Der Geruch von frischer Farbe und Pinselstrichen zog ihn an. Als er eintrat, fand er einen alten Maler, der konzentriert an einem Gemälde arbeitete. Der Maler schaute auf und lächelte Finn freundlich an. „Willkommen, junger Freund. Was führt dich hierher?"

„Ich habe dieses Buch gefunden," antwortete Finn, „und es spricht von den Farben des Herzens. Ich bin auf der Suche nach Antworten."

Der Maler nickte verstehend. „Die Farben des Herzens sind wie die Farben einer Leinwand. Jede Farbe erzählt eine Geschichte und spiegelt eine Emotion wider. Manchmal müssen wir herausfinden, welche Farben in uns leben, um unsere wahre Essenz zu verstehen."

Finn betrachtete die Gemälde des Malers. Jedes Bild war eine Explosion von Farben, die verschiedene Stimmungen und Emotionen einfingen. Der Maler erklärte ihm, dass jede Farbe eine eigene Bedeutung hatte: Blau für Ruhe, Rot für Leidenschaft, Gelb für Freude und Grün für Wachstum. „Wenn du die Farben deines Herzens verstehst, kannst du den Klang deiner Seele erkennen," fügte der Maler hinzu.

Finn verließ die Hütte des Malers und machte sich auf, die Farben seines Herzens zu entdecken. Er reiste durch weite Felder und überqueren Berge, begegnete verschiedenen Menschen und Tieren, und sammelte dabei Eindrücke und Gefühle, die ihn tief berührten.

Er begegnete einer Frau, die in einem Garten voller Sonnenblumen lebte. Ihre fröhliche und strahlende Art ließ Finn die Freude in seinem Herzen spüren. Er fand einen alten Mann in einem ruhigen See, dessen tiefe Weisheit ihn die Ruhe und Gelassenheit des blauen Himmels fühlen ließ. Und in einem lebhaften Marktplatz erlebte er die Leidenschaft und Energie des Roten, die seine eigene innere Kraft entfachte.

Jede Begegnung und jede Erfahrung fügte eine neue Farbe zu seinem inneren Bild hinzu. Finn begann zu verstehen, dass jede Farbe, die er entdeckte, Teil seines eigenen Selbst war und dass der Klang seines Herzens von der Harmonie dieser Farben abhängt.

Eines Nachts fand sich Finn in einem dunklen Tal wieder, das nur von einem schwachen Mondschein erleuchtet wurde. Der Weg war steinig und schwierig, und Finn fühlte sich von der Dunkelheit umhüllt. „Wie soll ich weitergehen, wenn ich den Weg nicht sehen kann?" fragte er verzweifelt.

Plötzlich erschien ein kleiner, leuchtender Stern am Himmel und begann, eine sanfte Melodie zu spielen. Die Melodie war beruhigend und führte Finn durch die Dunkelheit. „Manchmal ist es der Klang des Herzens, der uns den Weg zeigt, wenn die Dunkelheit uns umgibt," dachte Finn. Mit jedem Schritt, den er machte, wurde der Stern heller und die Dunkelheit verschwand langsam. Schließlich fand Finn den Ausgang des Tals und trat in eine wunderschöne, bunte Lichtung ein.

Finn kehrte zu dem alten Maler zurück und erzählte ihm von seinen Erlebnissen. Der Maler hörte geduldig zu und lächelte weise. „Du hast die Farben deines Herzens gefunden und den Klang deiner Seele gehört," sagte der Maler. „Jede Farbe, die du entdeckt hast, war ein Teil von dir, der dir geholfen hat, deine wahre Essenz zu erkennen."

Finn erkannte, dass der Klang seines Herzens nicht nur in den Farben lag, die er entdeckt hatte, sondern auch in den Erfahrungen und Begegnungen, die ihn auf seiner Reise geprägt hatten. Er verstand, dass das Herz die Fähigkeit hat, eine wunderbare Symphonie aus verschiedenen Farben und Emotionen zu schaffen, die das Leben zu einem einzigartigen und wertvollen Abenteuer machen.

Mit einem neuen Gefühl der Klarheit und Erfüllung machte sich Finn auf den Heimweg. Als er in sein Dorf zurückkehrte, war er verändert. Die Leere, die ihn einst geplagt hatte, war nun durch die Erkenntnis ersetzt worden, dass das Leben eine harmonische Mischung aus vielen Farben und Erfahrungen ist.

Finn begann, die Farben seiner Umgebung bewusst wahrzunehmen und die Menschen in seinem Dorf mit neuen Augen zu sehen. Er teilte seine Geschichten und Erkenntnisse mit ihnen und inspirierte sie, ihre eigenen Farben zu entdecken. Das Dorf wurde lebendiger und bunter, und Finn fand Freude daran, andere auf ihrer eigenen Reise zur Entdeckung des Klangs ihres Herzens zu begleiten.

Jahre vergingen, und Finn wuchs zu einem weisen jungen Mann heran, dessen Herz die Farben seiner Reise trug. Er wusste, dass das Leben eine ständige Reise war, bei der man immer neue Farben entdecken konnte. Die Melodie seines Herzens hatte sich zu einer harmonischen Sinfonie entwickelt, die ihn durch alle Höhen und Tiefen des Lebens begleitete.

Eines Tages, als Finn am Rand eines Feldes stand und den Sonnenuntergang betrachtete, wusste er, dass die Reise niemals enden würde. Der Klang des Herzens würde ihn immer weiterführen, neue Farben enthüllen und ihn dazu inspirieren, das Leben in seiner vollen Pracht zu erleben. Finn lächelte, als er die letzten Sonnenstrahlen des Tages auf seiner Haut spürte, und wusste, dass jede Farbe, die er entdeckt hatte, ihn zu dem gemacht hatte, der er heute war.

Und so lebte Finn, erfüllt von der Erkenntnis, dass der Klang des Herzens in den Farben des Lebens lag und dass jede Reise, die er unternahm, ihn näher zu seinem wahren Selbst führte.

A Journey Through the Colors of Life

In a small, peaceful village on the edge of a deep forest lived a boy named Finn. Finn was a dreamer. He spent his days gazing at the sky and imagining stories of distant lands and mysterious adventures. Yet recently, Finn felt an inner emptiness, as if an important piece of his own story was missing.

One morning, as the sky turned into gentle pastel hues and the first rays of sunlight bathed the world in a golden glow, Finn found a mysterious, glowing book under an old tree. It was not an ordinary scroll but seemed almost to pulse as if it could feel the rhythm of his heart. "Perhaps this book can help me fill the emptiness inside me," thought Finn as he carefully opened the book.

On the first page of the book was only a simple picture: a heart surrounded by various colors. The colors seemed to dance and move, as if they spoke their own language. Beneath the image was a small text: "The sound of the heart is the echo of your soul."

Finn was confused. "How am I supposed to understand what this means?" he wondered. Yet deep inside, he felt a quiet voice telling him that he would find the answer on his journey. So, Finn set out to discover what the sound of his heart truly meant.

Finn wandered through the forest for days until one day he discovered a small hut hidden among the trees. The scent of fresh paint and brushstrokes drew him in. As he entered, he found an old painter, deeply engrossed in creating a painting. The painter looked up and greeted Finn with a warm smile. "Welcome, young friend. What brings you here?"

"I found this book," Finn replied, "and it speaks of the colors of the heart. I am searching for answers."

The painter nodded understandingly. "The colors of the heart are like the colors on a canvas. Each color tells a story and reflects an emotion. Sometimes, we need to discover which colors live within us to understand our true essence."

Finn examined the painter's artworks. Each painting was an explosion of colors that captured different moods and emotions. The painter explained that each color had its own meaning: Blue for calm, red for passion, yellow for joy, and green for growth. "When you understand the colors of your heart, you can recognize the sound of your soul," added the painter.

Finn left the painter's hut and set out to discover the colors of his heart. He traveled through vast fields and over mountains, encountering various people and animals, and gathered impressions and feelings that touched him deeply.

He met a woman living in a garden full of sunflowers. Her joyful and radiant nature made Finn feel the joy in his heart. He found an old man by a tranquil lake whose deep wisdom made him experience the calm and serenity of the blue sky. And in a lively marketplace, he felt the passion and energy of red, igniting his own inner strength.

Each encounter and experience added a new color to his inner picture. Finn began to understand that each color he discovered was part of his own self, and that the sound of his heart depended on the harmony of these colors.

One night, Finn found himself in a dark valley, illuminated only by a faint moonlight. The path was rocky and difficult, and Finn felt enveloped by the darkness. "How can I move forward if I can't see the way?" he asked in desperation.

Suddenly, a small, glowing star appeared in the sky and began to play a gentle melody. The melody was soothing and guided Finn through the darkness. "Sometimes, it is the sound of the heart that shows us the way when darkness surrounds us," thought Finn. With each step he took, the star grew brighter, and the darkness slowly faded away. Eventually, Finn emerged from the valley into a beautiful, colorful glade.

Finn returned to the old painter and shared his experiences. The painter listened patiently and smiled wisely. "You have found the colors of your heart and heard the sound of your soul," said the painter. "Each color you discovered was a part of you that helped you recognize your true essence."

Finn realized that the sound of his heart was not just in the colors he had discovered, but also in the experiences and encounters that had shaped him on his journey. He understood that the heart has the ability to create a wonderful symphony of different colors and emotions that make life a unique and valuable adventure.

With a new sense of clarity and fulfillment, Finn began his journey home. When he returned to his village, he was changed. The emptiness that once plagued him had been replaced by the realization that life is a harmonious blend of many colors and experiences.

Finn began to consciously perceive the colors of his surroundings and saw the people in his village with new eyes. He shared his stories and insights with them, inspiring them to discover their own colors. The village became more vibrant and colorful, and Finn took joy in guiding others on their own journey to discover the sound of their hearts.

Years passed, and Finn grew into a wise young man whose heart carried the colors of his journey. He knew that life was a continual journey where one could always discover new colors. The melody of his heart had evolved into a harmonious symphony that accompanied him through all the highs and lows of life.

One day, as Finn stood at the edge of a field, watching the sunset, he knew that the journey would never end. The sound of the heart would always lead him further, reveal new colors, and inspire him to experience life in its full splendor. Finn smiled as he felt the last rays of the day on his skin, knowing that every color he had discovered had made him who he was today.

And so, Finn lived on, filled with the understanding that the sound of the heart lay in the colors of life and that every journey he undertook brought him closer to his true self.

Der Weg des Wildpferds

In einem weitläufigen Tal, das von sanften Hügeln und hohen Bergen umgeben war, lebte ein Wildpferd namens Arion. Arion war ein majestätisches Pferd mit einer dichten Mähne, die im Wind wie eine goldene Welle wehte. Er war bekannt für seine Schnelligkeit und seine unbändige Freiheit. Doch in den letzten Wochen spürte Arion eine neue Sehnsucht in seinem Herzen, eine Sehnsucht nach etwas, das er nicht benennen konnte.

Eines Abends, als die Sonne den Himmel in tiefem Orange und Violett färbte, stand Arion am Rand des Tals und blickte in die Ferne. Der Wind trug den Duft von frischem Gras und Blüten mit sich, und Arion fühlte eine leise Stimme in seinem Herzen. „Es gibt etwas außerhalb dieses Tals, etwas, das dich ruft," flüsterte die Stimme. „Vielleicht findest du es, wenn du den Mut hast, dich auf die Reise zu begeben."

Arion wusste, dass er die Freiheit liebte, aber diese neue Sehnsucht war stark. Mit einem letzten Blick auf sein vertrautes Tal machte sich Arion auf den Weg, entschlossen, das Rätsel seines Herzens zu lösen.

Arion durchquerte dichte Wälder und weite Wiesen und begegnete vielen Tieren auf seiner Reise. Eines Tages, als der Himmel in sanften Blau- und Grüntönen erstrahlte, fand er sich in einem geheimnisvollen Hain wieder. In der Mitte des Hains saß eine alte, weise Eule auf einem Ast. Ihre Augen funkelten wie Sterne im Mondlicht.

„Willkommen, Arion," sagte die Eule mit einer Stimme, die wie ein sanfter Wind durch die Bäume wehte. „Ich habe auf dich gewartet. Deine Reise ist erst am Anfang."

„Aber wie soll ich wissen, was ich suchen soll?" fragte Arion.

„Die Antwort liegt nicht in dem, was du suchst, sondern in dem, was du bereit bist zu entdecken," antwortete die Eule. „Manchmal ist die Reise selbst das, was uns die wahre Bedeutung offenbart."

Arion nickte nachdenklich. „Aber ich habe Angst, dass ich mein Ziel nicht erreichen werde."

„Es ist nicht der Ausgang, der zählt," sagte die Eule, „sondern die Erfahrungen, die du auf dem Weg machst. Und jede Erfahrung wird dir helfen, dich selbst besser zu verstehen."

Mit diesen Worten verabschiedete sich Arion von der Eule und setzte seine Reise fort.

Nach Tagen des Wanderns erreichte Arion einen breiten, reißenden Fluss. Das Wasser war wild und schäumend, und der Fluss wirkte wie eine unüberwindbare Barriere. Arion wusste, dass er den Fluss überqueren musste, um weiterzukommen, doch er war unsicher, wie er das anstellen sollte.

Er stand am Ufer des Flusses und beobachtete, wie das Wasser unaufhörlich vorbei rauschte. „Wie soll ich diesen Fluss überwinden?" fragte Arion sich verzweifelt. Plötzlich tauchte ein alter, erfahrener Biber auf, der gerade dabei war, an einem Damm zu arbeiten.

„Kannst du mir helfen?" fragte Arion den Biber.

Der Biber lächelte freundlich. „Der Fluss ist ein Symbol für die Herausforderungen im Leben. Er wird dir helfen zu wachsen, wenn du den Mut hast, ihn zu überqueren."

Arion zögerte einen Moment, doch dann nahm er all seinen Mut zusammen. Mit einer geschickten Bewegung nutzte er große Steine, um sich einen Weg durch den Fluss zu bahnen. Jeder Schritt war ein Kampf gegen die Strömung, aber er schaffte es schließlich, das andere Ufer zu erreichen. Die Erfahrung machte ihn stärker und zeigte ihm, dass die größten Herausforderungen oft die größte Belohnung bringen.

Nachdem Arion den Fluss überwunden hatte, entdeckte er ein verborgenes Tal, das in ein sanftes, magisches Licht getaucht war. Die Wiesen waren mit einer unglaublichen Vielfalt an Blumen bedeckt, und der Duft von Süßholz und Rosmarin lag in der Luft. In der Mitte des Tals stand ein beeindruckender Baum mit goldenen Blättern, die im Sonnenlicht funkelten.

Arion ging auf den Baum zu und entdeckte, dass seine Wurzeln in eine kleine Höhle führten. Neugierig trat er in die Höhle ein und fand darin eine wunderschöne, leuchtende Kristallkugel. Die Kugel schien in sich eine eigene Welt zu enthalten, und als Arion hindurchblickte, sah er Bilder von verschiedenen Orten und Zeiten.

„Diese Kugel zeigt die verschiedenen Wege, die du in deinem Leben gehen könntest," sagte eine sanfte Stimme, die aus der Kugel zu kommen schien. „Jeder Weg wird dich zu neuen Entdeckungen führen und dir helfen, mehr über dich selbst zu erfahren."

Arion betrachtete die Bilder und erkannte, dass jede Vision einen Teil seines Herzens widerspiegelte. Die Kugel zeigte ihm nicht nur die Schönheit der Welt, sondern auch die Wege, die er gehen könnte, um seine tiefsten Wünsche zu erfüllen.

Mit neuer Entschlossenheit verließ Arion das geheime Tal und setzte seine Reise fort. Er erreichte einen mächtigen Berg, dessen Gipfel in den Wolken verschwanden. Arion fühlte sich von der Größe des Berges überwältigt, aber auch von einem tiefen Gefühl der Ehrfurcht.

Als er den Berg hinaufstieg, begegnete er einem alten Berggeist, der in den Felsen lebte. Der Berggeist hatte eine tiefe, beruhigende Stimme, die wie ein Echo durch die Berge hallte. „Jeder Berg, den du erklimmst, ist wie eine Lektion im Leben," sagte der Berggeist. „Er wird dir helfen, deine innere Stärke zu entdecken."

„Aber der Weg nach oben ist so steil und schwierig," sagte Arion. „Wie soll ich ihn bewältigen?"

„Es ist der Glaube an dich selbst, der dich ans Ziel bringt," antwortete der Berggeist. „Und jede Schwierigkeit, die du überwindest, wird dich stärker machen. Die Gipfel sind oft nur ein Schritt entfernt, wenn du den Mut hast, weiterzugehen."

Arion begann den steilen Aufstieg und fand, dass jeder Schritt, den er machte, ihn näher an sein Ziel brachte. Der Weg war herausfordernd, aber er fand Trost in den Worten des Berggeistes und in der Aussicht, die sich ihm bot. Schließlich erreichte er den Gipfel und konnte die ganze Welt aus einer neuen Perspektive sehen.

Nachdem er den Berggipfel erreicht hatte, beschloss Arion, in sein Tal zurückzukehren. Die Reise hatte ihn verändert und ihm neue Erkenntnisse über sich selbst und die Welt vermittelt. Er wusste, dass die Freiheit nicht nur darin bestand, sich physisch frei zu fühlen, sondern auch darin, sich emotional und spirituell zu befreien.

Als er in sein Tal zurückkehrte, war er überrascht, wie vertraut und gleichzeitig neu alles erschien. Die Wiesen, die Berge und die Bäume schienen ihm nun in einem neuen Licht zu erscheinen. Die Erfahrungen, die er gemacht hatte, hatten ihm geholfen, die wahre Bedeutung von Freiheit und Selbstverwirklichung zu verstehen.

Arion ließ sich wieder in seinem Tal nieder, aber diesmal mit einem tieferen Verständnis und einer neuen Perspektive. Er wusste, dass die Reise, die er unternommen hatte, ihn nicht nur zu neuen Orten geführt hatte, sondern auch zu einem besseren Verständnis seiner selbst. Die Freiheit, die er suchte, war ein Teil von ihm selbst, und die Reise hatte ihm geholfen, diesen Teil zu entdecken.

Arion lebte noch viele Jahre in seinem Tal, und seine Geschichten über die Reise wurden von Generation zu Generation weitergegeben. Die anderen Tiere des Tals suchten oft seinen Rat, wenn sie auf ihrer eigenen Reise waren. Arion lehrte sie, dass der wahre Wert einer Reise nicht nur in den Zielen liegt, die man erreicht, sondern auch in den Lektionen, die man auf dem Weg lernt.

Er sprach oft über die Begegnungen, die er gemacht hatte, die Herausforderungen, die er überwunden hatte, und die Schönheit, die er entdeckt hatte. „Die Reise ist ein Spiegel deines Herzens," sagte Arion. „Wenn du den Mut hast, dich auf den Weg zu machen, wirst du immer mehr über dich selbst erfahren und die Freiheit finden, nach der du suchst."

Arion fand Frieden und Freude in der Erkenntnis, dass jede Reise, die er unternommen hatte, ihn näher zu sich selbst gebracht hatte. Er wusste, dass die wahre Freiheit nicht nur darin lag, sich von physischen Grenzen zu befreien, sondern auch darin, sich von den inneren Begrenzungen zu lösen, die das Herz oft selbst auferlegt.

Eines Tages, als Arion alt und weise geworden war, machte er sich auf seine letzte Reise. Diesmal war es keine Reise in die Ferne, sondern eine Reise in sein inneres Selbst. Arion ging zu einem stillen Platz am Rand des Tals, wo die Wiesen in sanften Farben leuchteten und der Himmel in einem beruhigenden Blau strahlte.

Er legte sich sanft auf den Boden und schloss die Augen. Die Erinnerungen an seine Abenteuer, die Begegnungen, die Herausforderungen und die Lektionen seines Lebens flossen wie ein sanfter Strom durch sein Herz. Arion fühlte sich von einer tiefen Ruhe und einem Gefühl der Vollständigkeit umhüllt.

In den letzten Momenten seines Lebens blickte Arion auf den Himmel und wusste, dass seine Reise ihn zu einem tiefen Verständnis geführt hatte. Die Freiheit, nach der er gesucht hatte, war immer ein Teil von ihm gewesen, und er hatte sie in den Farben und Klängen seines Herzens gefunden.

Mit einem letzten, sanften Seufzer schloss Arion die Augen und ließ sich von dem sanften Wind davontragen. Sein Herz war erfüllt von der Weisheit und den Erkenntnissen seiner Reise, und er wusste, dass sein Erbe in den Herzen derjenigen weiterleben würde, die von seinen Geschichten und seiner Weisheit berührt worden waren.

Und so endete die Reise von Arion, dem Wildpferd, dessen Weg zur Freiheit nicht nur eine Reise durch die Welt, sondern auch eine Reise in das Herz selbst war.

The Path of the Wild Horse

In a vast valley surrounded by gentle hills and tall mountains, lived a wild horse named Arion. Arion was a majestic horse with a thick mane that flowed like a golden wave in the wind. He was known for his speed and untamed freedom. But in recent weeks, Arion felt a new longing in his heart, a longing for something he couldn't name.

One evening, as the sun painted the sky in deep orange and violet hues, Arion stood at the edge of the valley and gazed into the distance. The wind carried the scent of fresh grass and flowers, and Arion heard a faint voice in his heart. "There is something beyond this valley, something that calls to you," whispered the voice. "Perhaps you will find it if you have the courage to embark on the journey."

Arion knew he loved freedom, but this new longing was strong. With a last look at his familiar valley, Arion set out, determined to solve the mystery of his heart.

Arion crossed dense forests and wide meadows, meeting many animals along his journey. One day, as the sky shone in gentle blues and greens, he found himself in a mysterious grove. In the center of the grove sat an old, wise owl on a branch. Her eyes sparkled like stars in the moonlight.

"Welcome, Arion," said the owl with a voice that flowed like a gentle breeze through the trees. "I have been waiting for you. Your journey has just begun."

"But how will I know what I am looking for?" asked Arion.

"The answer is not in what you seek, but in what you are willing to discover," replied the owl. "Sometimes, the journey itself reveals the true meaning."

Arion nodded thoughtfully. "But I am afraid I might not reach my goal."

"It is not the outcome that matters," said the owl, "but the experiences you have along the way. Each experience will help you understand yourself better."

With these words, Arion bid farewell to the owl and continued his journey.

After days of wandering, Arion reached a wide, rushing river. The water was wild and foamy, and the river seemed like an insurmountable barrier. Arion knew he had to cross the river to move forward, but he was unsure how to do so.

He stood at the riverbank, watching the water flow relentlessly. "How am I supposed to cross this river?" Arion wondered in despair. Suddenly, an old, experienced beaver appeared, working on a dam.

"Can you help me?" Arion asked the beaver.

The beaver smiled kindly. "The river is a symbol of the challenges in life. It will help you grow if you have the courage to cross it."

Arion hesitated for a moment but then gathered all his courage. With a clever use of large stones, he made his way through the river. Each step was a struggle against the current, but he eventually reached the other shore. The experience made him stronger and showed him that the greatest challenges often bring the greatest rewards.

After crossing the river, Arion discovered a hidden valley bathed in a gentle, magical light. The meadows were covered with an incredible variety of flowers, and the scent of sweet woodruff and rosemary filled the air. In the center of the valley stood an impressive tree with golden leaves sparkling in the sunlight.

Arion approached the tree and discovered that its roots led into a small cave. Curious, he entered the cave and found a beautiful, glowing crystal orb. The orb seemed to contain a world of its own, and as Arion looked through it, he saw images of different places and times.

"This orb shows the various paths you could take in your life," said a gentle voice coming from the orb. "Each path will lead you to new discoveries and help you learn more about yourself."

Arion gazed at the images and realized that each vision reflected a part of his heart. The orb not only showed him the beauty of the world but also the paths he might take to fulfill his deepest desires.

With renewed determination, Arion left the secret valley and continued his journey. He reached a mighty mountain, whose summit disappeared into the clouds. Arion felt overwhelmed by the mountain's grandeur but also by a deep sense of awe.

As he climbed the mountain, he encountered an old mountain spirit living in the rocks. The mountain spirit had a deep, soothing voice that echoed through the mountains. "Each mountain you climb is like a lesson in life," said the mountain spirit. "It will help you discover your inner strength."

"But the way up is so steep and difficult," said Arion. "How should I manage it?"

"It is the belief in yourself that brings you to your goal," replied the mountain spirit. "And every difficulty you overcome will make you stronger. The summits are often just a step away if you have the courage to keep going."

Arion began the steep ascent and found that each step brought him closer to his goal. The path was challenging, but he found comfort in the mountain spirit's words and in the view that unfolded before him. Finally, he reached the summit and saw the whole world from a new perspective.

After reaching the mountain summit, Arion decided to return to his valley. The journey had changed him and provided new insights into himself and the world. He realized that freedom was not just about feeling physically free, but also about being emotionally and spiritually liberated.

When he returned to his valley, he was surprised at how familiar and yet new everything appeared. The meadows, the mountains, and the trees seemed to shine in a new light. The experiences he had gained had helped him understand the true meaning of freedom and self-fulfillment.

Arion settled back into his valley, but this time with a deeper understanding and a new perspective. He knew that the journey he had undertaken had not only led him to new places but also to a better understanding of himself. The freedom he had sought was a part of himself, and the journey had helped him discover that part.

Arion lived many more years in his valley, and his stories about the journey were passed down from generation to generation. The other animals of the valley often sought his advice when they were on their own journeys. Arion taught them that the true value of a journey is not only in the goals one achieves but also in the lessons learned along the way.

He often spoke about the encounters he had made, the challenges he had overcome, and the beauty he had discovered. "The journey is a mirror of your heart," Arion would say. "If you have the courage to embark on the path, you will always learn more about yourself and find the freedom you are seeking."

Arion found peace and joy in the realization that every journey he had undertaken had brought him closer to himself. He knew that true freedom was not only about freeing oneself from physical constraints but also about liberating oneself from the inner limitations that the heart often imposes.

One day, when Arion was old and wise, he set out on his final journey. This time, it was not a journey to distant places but a journey into his inner self. Arion walked to a quiet spot at the edge of the valley, where the meadows glowed in gentle colors and the sky shone in a calming blue.

He lay down gently on the ground and closed his eyes. The memories of his adventures, the encounters, the challenges, and the lessons of his life flowed through his heart like a gentle stream. Arion felt enveloped by a deep peace and a sense of completeness.

In his final moments, Arion looked up at the sky and knew that his journey had led him to a deep understanding. The freedom he had sought had always been a part of him, and he had found it in the colors and sounds of his heart.

With one last, gentle sigh, Arion closed his eyes and let himself be carried away by the gentle wind. His heart was filled with the wisdom and insights of his journey, and he knew that his legacy would live on in the hearts of those touched by his stories and wisdom.

And so ended the journey of Arion, the wild horse, whose path to freedom was not just a journey through the world but also a journey into the heart itself.

Die Reise des kleinen Sterns

Hoch oben im nächtlichen Himmel lebte ein kleiner Stern namens Stella. Stella war ein zarter, funkelnder Stern, der oft in den unendlichen Weiten des Himmels umher wanderte und sich über das große Abenteuer freute, das das Universum ihm versprach. Während die anderen Sterne in ihrer Ecke des Himmels ihren Platz behielten, fühlte sich Stella unruhig. Sie spürte eine tiefe Sehnsucht, mehr über die Welt zu erfahren, die sie von ihrem Platz aus sehen konnte.

Eines Nachts, als der Mond voll und rund am Himmel stand, fragte Stella den alten, weisen Stern Orion, der neben ihr in der Galaxie leuchtete: „Orion, warum fühle ich mich so unvollständig? Was fehlt mir, dass ich mich nach etwas mehr sehne?"

Orion blickte mit einem sanften Lächeln auf Stella herab. „Jeder Stern hat seine eigene Reise, Stella. Deine Sehnsucht ist ein Zeichen, dass es für dich noch mehr zu entdecken gibt. Wenn du dich bereit fühlst, kannst du den Himmel erkunden und deine eigene Geschichte schreiben."

Mit einem Herz voller Aufregung und Entschlossenheit entschloss sich Stella, das Abenteuer zu suchen, das ihr Schicksal bereithielt. Sie verabschiedete sich von Orion und machte sich auf den Weg.

Stella begann ihre Reise und folgte dem Sternenwind, der sanft durch den Kosmos wehte. Der Wind trug sie zu verschiedenen Sternenbildern und Galaxien. Auf ihrem Weg begegnete sie einem alten Kometen, der in einem langen, leuchtenden Schweif dahintrug.

„Wo gehst du hin, kleiner Stern?" fragte der Komet neugierig.

„Ich suche nach meinem Platz im Universum und der Bedeutung meiner Reise," antwortete Stella.

Der Komet lächelte weise. „Das Universum ist wie ein großes Buch, und jeder Stern schreibt sein eigenes Kapitel. Deine Reise wird dir helfen, dein Kapitel zu verstehen und deinen Platz zu finden."

Der Komet begleitete Stella ein Stück auf ihrem Weg und erzählte ihr Geschichten von fernen Galaxien und Sternen, die einst leuchteten und dann verschwanden. Stella lernte, dass jede Reise einzigartig ist und dass jede Begegnung sie ein Stück näher zu ihrem eigenen Verständnis führen würde.

Nach einer langen Reise durch den Kosmos fand Stella sich in einem wunderschönen, leuchtenden Nebel wieder. Der Nebel war wie ein geheimnisvoller Garten, der von sanften Farben und zarten Lichtstrahlen erleuchtet wurde. In der Mitte des Nebels wuchs eine prächtige Mondblume, deren Blütenblätter in silbernem Glanz erstrahlten.

„Hallo, kleine Mondblume," sagte Stella, „kannst du mir helfen, meinen Weg zu finden?"

Die Mondblume lächelte sanft. „Um deinen Weg zu finden, musst du zunächst verstehen, was in deinem Herzen leuchtet. Jede Blume im Universum hat ihre eigene Bedeutung, und so ist es auch mit den Sternen."

„Wie kann ich mein Herz verstehen?" fragte Stella.

„Schau in den Nebel der Zeit," antwortete die Mondblume. „Jede Blume hier ist ein Symbol für eine Phase in deinem Leben. Lass dich von ihren Farben und Formen inspirieren und erkenne, was sie dir über dich selbst sagen."

Stella beobachtete die Blumen und erkannte, dass jede von ihnen eine Botschaft trug. Die Farben und Formen spiegelten verschiedene Aspekte ihrer selbst wider. Der Nebel half ihr, sich mit ihren eigenen Gefühlen und Gedanken auseinanderzusetzen.

Weiter auf ihrer Reise erreichte Stella eine riesige Galaxie, die in einem spektakulären Tanz von Licht und Farbe erstrahlte. In der Mitte der Galaxie schwebte ein großer, majestätischer Stern namens Helios. Helios war bekannt für seine Weisheit und seine Fähigkeit, die Bewegungen der Sterne zu verstehen.

Stella näherte sich Helios und bat um Rat. „Helios, ich habe so viel über mich selbst gelernt, aber ich bin mir immer noch unsicher über meinen Platz im Universum. Wie finde ich heraus, wohin ich wirklich gehöre?“

Helios lächelte warm. „Der Platz eines Sterns ist nicht immer offensichtlich. Manchmal muss man den eigenen Rhythmus finden und herausfinden, was das Herz zum Leuchten bringt. Jeder Stern hat seine eigene Bahn, die er folgen muss, und oft ist es der Weg, der uns zeigt, wohin wir gehören.“

Helios führte Stella durch die Galaxie und zeigte ihr, wie sich die Sterne im Rhythmus des Universums bewegten. Stella lernte, dass es nicht nur um den Ort geht, sondern auch um die Reise selbst und die Entfaltung ihrer eigenen einzigartigen Eigenschaften.

Stella setzte ihre Reise fort und fand sich vor einer mystischen Quelle wieder, die am Rand eines leuchtenden Sternenmeers lag. Die Quelle war umgeben von glühenden Kristallen, die in den Farben des Regenbogens schimmerten. Das Wasser der Quelle war klar und funkelte wie ein Diamant.

„Willkommen, kleiner Stern,“ sagte eine sanfte Stimme aus der Quelle. „Hier findest du die Essenz des Lichts und der Klarheit.“

Stella beugte sich über die Quelle und beobachtete, wie sich ihr eigenes Licht im Wasser spiegelte. Die Klarheit der Quelle half ihr, ihre eigenen Gedanken und Gefühle besser zu verstehen. Sie erkannte, dass die wahre Klarheit nicht nur durch äußere Sicht, sondern auch durch das Verständnis des eigenen Selbst gefunden wird.

Die Stimme aus der Quelle flüsterte weiter: „Du bist bereits ein Teil des großen Ganzen. Dein Licht ist einzigartig, und es trägt eine Botschaft, die nur du übermitteln kannst. Finde deinen eigenen Weg, und lasse dein Licht erstrahlen."

Mit dieser Erkenntnis verließ Stella die Quelle und setzte ihre Reise fort, gestärkt durch das Wissen, dass ihr Licht bereits einen wichtigen Platz im Universum hatte.

Nach vielen Abenteuern und Entdeckungen fühlte Stella, dass es an der Zeit war, in ihr eigenes Sternenheim zurückzukehren. Der Kosmos hatte ihr so viel über sich selbst und ihre Bestimmung offenbart, aber sie wusste, dass ihre Reise sie letztlich zu ihrem Ausgangspunkt zurückführen würde.

Als sie zu ihrem ursprünglichen Platz am Himmel zurückkehrte, fand sie sich von einer neuen Perspektive aus wieder. Das Tal, die Galaxien und die Sterne, die sie einst als vertraut betrachtet hatte, erschienen ihr nun in einem neuen Licht. Sie sah ihre eigene Rolle und Bedeutung klarer und erkannte, dass ihr Platz genau dort war, wo sie sein sollte.

Stella leuchtete heller als je zuvor und wusste, dass ihre Reise sie nicht nur zu einem neuen Ort, sondern zu einem tieferen Verständnis ihrer selbst geführt hatte. Sie hatte ihren Platz gefunden, und ihr Licht erstrahlte nun mit einem neuen Glanz.

Stella lebte weiterhin in ihrem Himmel, und ihre Geschichten von der Reise wurden von anderen Sternen und himmlischen Wesen gehört. Sie teilte ihre Erkenntnisse und die Lektionen, die sie gelernt hatte, und inspirierte andere, ihre eigene Reise anzutreten.

„Die Reise ist nicht nur das, was du siehst, sondern auch das, was du lernst," sagte Stella oft. „Es geht darum, sich selbst zu entdecken und den eigenen Platz im Universum zu finden."

Mit einem letzten, sanften Funkeln verabschiedete sich Stella von ihrem Abenteuer und ließ sich von der ewigen Glanz des Universums umhüllen. Ihr Licht würde immer ein Teil des Kosmos sein, ein Zeichen für die Schönheit und die Bedeutung jeder Reise und jedes Sterns.

Und so endete die Reise des kleinen Sterns, dessen Abenteuer im Himmel nicht nur eine Suche nach einem Platz im Universum war, sondern auch eine Reise zur Entdeckung des eigenen Lichtes und der eigenen Bedeutung.

The Journey of the Little Star

High above in the night sky lived a little star named Stella. Stella was a delicate, twinkling star who often wandered through the infinite expanses of the heavens, excited by the grand adventure the universe promised. While the other stars stayed in their corners of the sky, Stella felt restless. She had a deep yearning to learn more about the world she could see from her place.

One night, as the moon stood full and round in the sky, Stella asked the old, wise star Orion, who shone beside her in the galaxy, "Orion, why do I feel so incomplete? What is missing that makes me long for something more?"

Orion looked down on Stella with a gentle smile. "Every star has its own journey, Stella. Your longing is a sign that there is more for you to discover. If you feel ready, you can explore the sky and write your own story."

With a heart full of excitement and determination, Stella decided to seek the adventure her destiny held. She bid farewell to Orion and set out on her journey.

Stella began her journey, following the starry wind that gently blew through the cosmos. The wind carried her to various constellations and galaxies. Along the way, she met an old comet trailing a long, glowing tail.

"Where are you going, little star?" asked the comet curiously.

"I'm searching for my place in the universe and the meaning of my journey," replied Stella.

The comet smiled wisely. "The universe is like a great book, and each star writes its own chapter. Your journey will help you understand your chapter and find your place."

The comet accompanied Stella for a while and told her stories of distant galaxies and stars that once shone brightly and then disappeared. Stella learned that each journey is unique and that every encounter would bring her closer to her own understanding.

After a long journey through the cosmos, Stella found herself in a beautiful, glowing nebula. The nebula was like a mysterious garden illuminated by gentle colors and delicate rays of light. In the center of the nebula grew a magnificent moonflower, its petals shining with silver light.

"Hello, little moonflower," Stella said, "can you help me find my way?"

The moonflower smiled gently. "To find your way, you must first understand what shines in your heart. Every flower in the universe has its own meaning, and so do the stars."

"How can I understand my heart?" asked Stella.

"Look into the nebula of time," replied the moonflower. "Each flower here is a symbol of a phase in your life. Let their colors and shapes inspire you and recognize what they tell you about yourself."

Stella observed the flowers and realized that each one carried a message. The colors and shapes reflected different aspects of herself. The nebula helped her engage with her own feelings and thoughts.

Continuing her journey, Stella reached a vast galaxy that shone in a spectacular dance of light and color. In the center of the galaxy floated a large, majestic star named Helios. Helios was known for his wisdom and ability to understand the movements of the stars.

Stella approached Helios and asked for advice. "Helios, I have learned so much about myself, but I am still uncertain about my place in the universe. How do I find out where I truly belong?"

Helios smiled warmly. "A star's place is not always obvious. Sometimes, you need to find your own rhythm and discover what makes your heart shine. Every star has its own path to follow, and often it is the journey itself that shows us where we belong."

Helios guided Stella through the galaxy and showed her how the stars moved in rhythm with the universe. Stella learned that it was not only about the place but also about the journey and unfolding her own unique qualities.

Stella continued her journey and found herself before a mystical source at the edge of a glowing sea of stars. The source was surrounded by radiant crystals shimmering in the colors of the rainbow. The water of the source was clear and sparkled like a diamond.

"Welcome, little star," said a gentle voice from the source. "Here you will find the essence of light and clarity."

Stella leaned over the source and watched her own light reflect in the water. The clarity of the source helped her better understand her own thoughts and feelings. She realized that true clarity is found not just through external sight but through understanding oneself.

The voice from the source whispered further, "You are already part of the whole. Your light is unique, and it carries a message that only you can convey. Find your own path and let your light shine."

With this realization, Stella left the source and continued her journey, strengthened by the knowledge that her light already had an important place in the universe.

After many adventures and discoveries, Stella felt it was time to return to her own starry home. The cosmos had revealed so much about herself and her destiny, but she knew that her journey would ultimately lead her back to her starting point.

When she returned to her original place in the sky, she saw everything from a new perspective. The valleys, galaxies, and stars that once seemed familiar now appeared in a new light. She saw her own role and significance more clearly and understood that her place was exactly where it was meant to be.

Stella shone brighter than ever before, knowing that her journey had not only taken her to a new place but also to a deeper understanding of herself. She had found her place, and her light now radiated with a new brilliance.

Stella continued to live in her sky, and her stories of the journey were heard by other stars and celestial beings. She shared her insights and lessons learned and inspired others to embark on their own journeys.

"The journey is not just about what you see, but also about what you learn," Stella often said. "It is about discovering yourself and finding your place in the universe."

With one final, gentle sparkle, Stella bade farewell to her adventure and was enveloped by the eternal glow of the universe. Her light would always be part of the cosmos, a symbol of the beauty and significance of every journey and every star.

And so ended the journey of the little star, whose adventure in the sky was not only a search for a place in the universe but also a journey to discover her own light and meaning.

Ein Abenteuer der Farben

In einem weitläufigen Feuchtgebiet, umgeben von glitzernden Seen und üppigen Sümpfen, lebte ein ungewöhnlicher Flamingo namens Fiamma. Fiamma war kein gewöhnlicher Flamingo; sein Gefieder strahlte in allen Farben des Regenbogens, als ob die Sonne selbst in ihm aufging. Während die anderen Flamingos ihre rosa Federn stolz präsentierten, fühlte sich Fiamma oft anders und fragte sich, warum sein Gefieder so einzigartig war.

Eines Abends, als die Sonne sich im Wasser spiegelte und den Himmel in Gold und Orange tauchte, betrachtete Fiamma sein buntes Gefieder und fragte sich: „Warum bin ich anders? Gibt es einen bestimmten Grund, warum ich so viele Farben in mir trage?"

Sein Freund, ein weiser, alter Kranich namens Horus, beobachtete ihn mit einem sanften Lächeln. „Jede Farbe in dir ist wie ein Kapitel in deiner Geschichte, Fiamma. Manchmal sind wir anders, weil wir etwas Einzigartiges zu bieten haben. Du musst nur herausfinden, was es ist."

Diese Worte brannten sich tief in Fiammas Herz ein. In der Nacht beschloss er, herauszufinden, was sein einzigartiges Gefieder ihm sagen wollte. Er machte sich auf eine Reise, um die Antwort auf seine Fragen zu finden.

Fiamma folgte den Sternen und kam bald an einen Fluss, dessen Wasser wie ein riesiger Spiegel schimmerte. Er konnte die Farben seines Gefieders in dem klaren Wasser sehen, die sich wie lebendige Gemälde bewegten. Inmitten des Flusses schwebte eine zarte, silberne Libelle.

„Willkommen, kleiner Flamingo," sagte die Libelle mit einer Stimme, die wie das sanfte Plätschern des Wassers klang. „Was führt dich zu mir?"

„Ich versuche zu verstehen, warum mein Gefieder so viele Farben hat," erklärte Fiamma. „Ich möchte wissen, ob diese Farben eine besondere Bedeutung haben."

Die Libelle lächelte geheimnisvoll. „Die Farben deines Gefieders spiegeln deine Seele wider. Jeder Farbton steht für eine Eigenschaft, die du in dir trägst. Um zu verstehen, was sie bedeuten, musst du den Fluss der Spiegelungen beobachten und sehen, wie sie sich im Wasser verändern."

Fiamma beobachtete das Wasser und bemerkte, dass sich die Farben seines Gefieders veränderten, je nachdem, wie das Licht auf sie fiel. Einige Farben schimmerten warm und einladend, andere kühl und beruhigend. Der Fluss der Spiegelungen zeigte ihm, dass die Farben seiner Seele Ausdruck seiner inneren Eigenschaften waren.

Weiter auf seiner Reise erreichte Fiamma einen geheimnisvollen See, dessen Wasser im Dunkeln wie ein Sternenhimmel funkelte. In den tiefen, dunklen Gewässern lebte ein Sternenfisch, dessen Schuppen in den Farben des Himmels leuchteten.

„Hallo, Sternenfisch," sagte Fiamma. „Ich bin auf der Suche nach der Bedeutung meiner Farben. Kannst du mir helfen?"

Der Sternenfisch lächelte freundlich. „Die Farben, die du trägst, sind wie die Sterne am Himmel. Sie zeigen dir, welche Wege du in deinem Leben gehen kannst. Wenn du lernst, deine Farben zu verstehen, wirst du auch verstehen, welchen Weg du folgen sollst."

„Wie finde ich heraus, welcher Weg für mich der richtige ist?" fragte Fiamma.

„Die Antwort liegt in deinem Herzen," erklärte der Sternenfisch. „Wenn du dich mit deinen Farben verbindest, wirst du die Richtung finden, die dir am meisten entspricht. Die Sterne leuchten uns den Weg, und so tun es auch deine Farben."

Fiamma nahm die Weisheit des Sternenfisches mit sich und setzte seine Reise fort, entschlossen, die Antwort auf seine Fragen zu finden.

Auf seiner Reise durch den Himmel begegnete Fiamma einer riesigen, leuchtenden Wolke, die wie ein weicher Teppich aus Licht und Farben schwebte. Die Wolke war von einem sanften Glanz umgeben und strahlte eine ruhige, friedliche Atmosphäre aus.

„Willkommen, junger Flamingo," sagte die Weisheitswolke mit einer Stimme, die wie das sanfte Rauschen des Windes klang. „Was kann ich für dich tun?"

„Ich versuche herauszufinden, was mein einzigartiges Gefieder bedeutet und wie ich meine Farben in meiner Reise nutzen kann," erklärte Fiamma.

Die Weisheitswolke lächelte weise. „Die Farben in dir sind wie eine Palette, die dir hilft, die Welt um dich herum zu sehen. Jede Farbe steht für eine Fähigkeit oder Eigenschaft, die du in dir trägst. Du musst lernen, diese Fähigkeiten zu nutzen und sie in deinem Leben anzuwenden."

„Wie kann ich diese Fähigkeiten nutzen?" fragte Fiamma.

„Schau in die Welt um dich herum und beobachte, wie deine Farben auf verschiedene Situationen wirken," antwortete die Weisheitswolke. „Du wirst sehen, dass jede Farbe dir hilft, bestimmte Herausforderungen zu meistern und deine einzigartige Rolle in der Welt zu finden."

Mit diesem Rat im Gepäck setzte Fiamma seine Reise fort, bereit, die Welt mit den Farben seines Gefieders zu erforschen.

Fiamma gelangte bald an einen Ort, an dem ein wunderschöner Regenbogen den Himmel durchzog. Die Farben des Regenbogens schimmerten in intensiven Tönen und schufen ein spektakuläres Farbenspiel. Die Farben verbanden sich zu einem harmonischen Ganzen und schienen den Himmel mit einer magischen Energie zu erfüllen.

„Wie schön der Regenbogen ist," sagte Fiamma, als er den Anblick bewunderte. „Was kann ich von ihm lernen?"

Eine freundliche, singende Brise antwortete ihm. „Der Regenbogen ist ein Symbol für die Vielfalt und Harmonie. Jede Farbe im Regenbogen hat ihre eigene Bedeutung, aber sie kommen zusammen, um ein wunderschönes Ganzes zu bilden. Auch du bist ein Teil dieses Ganzen, und deine Farben tragen zur Schönheit der Welt bei."

Fiamma erkannte, dass die Vielfalt seiner Farben eine einzigartige Schönheit darstellte, die dazu beitrug, das Bild der Welt zu vervollständigen. Er verstand, dass jede Farbe in ihm wichtig war und ihren eigenen Platz im großen Ganzen hatte.

Nach vielen Abenteuern und Einsichten fühlte sich Fiamma bereit, zu seinem ursprünglichen Feuchtgebiet zurückzukehren. Seine Reise hatte ihm viel über sich selbst und die Bedeutung seiner Farben beigebracht. Er wusste, dass er nun bereit war, seine Erkenntnisse mit seinen Freunden zu teilen.

Als er zu seinem Feuchtgebiet zurückkehrte, bemerkte er, dass sich seine Umgebung verändert hatte. Der Himmel war noch strahlender, und die Seen funkelten noch intensiver. Die anderen Flamingos begrüßten ihn mit Freude und Bewunderung.

„Willkommen zurück, Fiamma," sagte Horus, der weise Kranich. „Was hast du auf deiner Reise gelernt?"

Fiamma lächelte und breitete seine bunten Flügel aus. „Ich habe gelernt, dass jede Farbe in meinem Gefieder eine besondere Bedeutung hat. Sie spiegelt meine Eigenschaften wider und hilft mir, meinen Platz in der

Welt zu finden. Meine Farben sind nicht nur für mich einzigartig, sondern auch für die Welt um mich herum."

Die anderen Flamingos staunten über Fiammas Erkenntnisse und bewunderten die Farben seines Gefieders noch mehr. Sie begannen, die Vielfalt in ihrem eigenen Leben zu schätzen und zu erkennen, dass jede einzelne Farbe einen wertvollen Beitrag zur Schönheit ihrer Gemeinschaft leistete.

Eines Tages, als die Sonne im Abendhimmel aufging und die Farben des Himmels in warmen Tönen leuchteten, wusste Fiamma, dass seine Reise eine tiefere Bedeutung hatte. Seine Farben und seine Geschichten würden immer ein Teil der Welt sein, ein Zeichen für die Schönheit und die Bedeutung jeder einzigartigen Eigenschaft.

Mit einem letzten, strahlenden Funkeln seiner Flügel verabschiedete sich Fiamma von der Welt und wurde eins mit dem ewigen Glanz des Feuchtgebiets. Sein Licht würde immer ein Teil des großen Ganzen sein, ein Symbol für die Vielfalt und die Schönheit jeder einzelnen Farbe und jedes einzelnen Wesens.

Und so endete die Reise des Flammenflügels, dessen Abenteuer nicht nur eine Suche nach der Bedeutung seiner Farben war, sondern auch eine Reise zur Entdeckung seiner eigenen einzigartigen Rolle in der Welt.

An Adventure of Colors

In a vast wetland surrounded by sparkling lakes and lush swamps, lived an unusual flamingo named Fiamma. Fiamma was not an ordinary flamingo; his plumage radiated in all the colors of the rainbow, as if the sun itself had risen within him. While other flamingos proudly displayed their pink feathers, Fiamma often felt different and wondered why his feathers were so unique.

One evening, as the sun reflected in the water and bathed the sky in gold and orange, Fiamma gazed at his colorful feathers and wondered, "Why am I different? Is there a special reason why I carry so many colors within me?"

His friend, an old, wise crane named Horus, observed him with a gentle smile. "Every color within you is like a chapter in your story, Fiamma. Sometimes we are different because we have something unique to offer. You just need to find out what that is."

These words burned deeply into Fiamma's heart. That night, he resolved to discover what his unique plumage was trying to tell him. He set out on a journey to find the answer to his questions.

Fiamma followed the stars and soon arrived at a river whose waters shimmered like a giant mirror. He could see the colors of his feathers in the clear water, moving like living paintings. In the middle of the river hovered a delicate, silver dragonfly.

"Welcome, little flamingo," said the dragonfly in a voice that sounded like the gentle rippling of the water. "What brings you here?"

"I'm trying to understand why my feathers have so many colors," explained Fiamma. "I want to know if these colors have a special meaning."

The dragonfly smiled mysteriously. "The colors of your feathers reflect your soul. Each hue represents a trait you carry within. To understand what they mean, you must observe the River of Reflections and see how they change in the water."

Fiamma watched the water and noticed that the colors of his feathers changed depending on how the light fell on them. Some colors shimmered warmly and invitingly, others cool and soothing. The River of Reflections showed him that the colors of his soul were expressions of his inner qualities.

Continuing his journey, Fiamma reached a mysterious lake where the water sparkled like a starry sky in the dark. In the deep, dark waters lived a starfish whose scales glowed in the colors of the sky.

"Hello, Starfish," said Fiamma. "I'm seeking the meaning of my colors. Can you help me?"

The starfish smiled kindly. "The colors you carry are like the stars in the sky. They show you which paths you can take in your life. If you learn to understand your colors, you will also understand which path you should follow."

"How do I find out which path is right for me?" asked Fiamma.

"The answer lies in your heart," explained the starfish. "When you connect with your colors, you will find the direction that suits you best. The stars light our way, and so do your colors."

Fiamma took the wisdom of the starfish with him and continued his journey, determined to find the answer to his questions.

On his journey through the sky, Fiamma encountered a huge, glowing cloud that floated like a soft carpet of light and colors. The cloud was surrounded by a gentle glow and radiated a calm, peaceful atmosphere.

"Welcome, young flamingo," said the Wisdom Cloud in a voice that sounded like the gentle rustling of the wind. "How can I assist you?"

"I'm trying to understand what my unique plumage means and how I can use my colors on my journey," explained Fiamma.

The Wisdom Cloud smiled wisely. "The colors within you are like a palette that helps you see the world around you. Each color represents a skill or trait you possess. You must learn to use these skills and apply them in your life."

"How can I use these skills?" asked Fiamma.

"Look at the world around you and observe how your colors affect different situations," replied the Wisdom Cloud. "You will see that each color helps you tackle specific challenges and find your unique role in the world."

With this advice in hand, Fiamma continued his journey, ready to explore the world with the colors of his feathers.

Fiamma soon arrived at a place where a beautiful rainbow arched across the sky. The colors of the rainbow shimmered in intense hues, creating a spectacular display. The colors blended into a harmonious whole, filling the sky with magical energy.

"How beautiful the rainbow is," said Fiamma, admiring the sight. "What can I learn from it?"

A friendly, singing breeze answered him. "The rainbow is a symbol of diversity and harmony. Each color in the rainbow has its own meaning, but they come together to form a beautiful whole. You too are a part of this whole, and your colors contribute to the beauty of the world."

Fiamma realized that the diversity of his colors represented a unique beauty that contributed to the picture of the world. He understood that each color within him was important and had its own place in the grand scheme.

After many adventures and insights, Fiamma felt ready to return to his original wetland. His journey had taught him much about himself and the meaning of his colors. He knew he was now ready to share his discoveries with his friends.

As he returned to his wetland, he noticed that his surroundings had changed. The sky was even more vibrant, and the lakes sparkled more intensely. The other flamingos greeted him with joy and admiration.

"Welcome back, Fiamma," said Horus, the wise crane. "What have you learned on your journey?"

Fiamma smiled and spread his colorful wings. "I have learned that each color in my feathers has a special meaning. They reflect my traits and help me find my place in the world. My colors are not only unique to me but also to the world around me."

The other flamingos marveled at Fiamma's insights and admired the colors of his feathers even more. They began to appreciate the diversity in their own lives and realized that each individual color contributed to the beauty of their community.

One day, as the sun rose in the evening sky and the colors of the sky glowed in warm tones, Fiamma knew that his journey had a deeper meaning. His colors and stories would always be a part of the world, a symbol of the beauty and significance of each unique trait.

With one final, radiant flash of his wings, Fiamma bade farewell to the world and became one with the eternal glow of the wetland. His light would always be part of the grand whole, a symbol of the diversity and beauty of every single color and being.

And so ended the journey of the Flamingo Wing, whose adventure was not just a quest for the meaning of his colors, but also a journey to discover his own unique role in the world.

Der Pfad des Bergziegenherzens

Hoch oben in den Alpen lebte eine junge Ziege namens Zeno. Zeno war bekannt für seine außergewöhnliche Neugier und seinen unstillbaren Drang, die Welt jenseits der vertrauten Berge zu entdecken. Während die anderen Ziegen sich zufrieden in der ruhigen Weide ihrer Heimat ausruhten, schwebten Zenos Gedanken oft über den Wolken und suchten nach etwas, das ihn tief im Herzen anrührte.

Eines Morgens, als die Sonne die schneebedeckten Gipfel in ein goldenes Licht tauchte, setzte sich Zeno auf einen großen Felsen und blickte über das Tal hinaus. „Warum fühle ich mich so unruhig? Was gibt es jenseits der Berge zu entdecken, das mich so fasziniert?"

Sein weiser Freund, ein alter Adler namens Arcturus, der hoch am Himmel schwebte, bemerkte Zenos nachdenkliche Haltung. „Zeno, jede Seele hat ihre eigene Reise. Deine Sehnsucht ist ein Zeichen, dass dein Herz nach etwas Größerem strebt. Wenn du den Mut hast, kannst du deine eigene Geschichte schreiben."

Diese Worte hallten in Zenos Herzen wider. An diesem Tag beschloss er, die Antwort auf seine Fragen zu finden und seine eigene Reise anzutreten.

Zeno machte sich auf den Weg und wanderte durch die atemberaubenden Berge, die sich wie endlose, majestätische Säulen gen Himmel erstreckten. Während er durch die Alpen streifte, begegnete er einem alten, weisen Steinbock namens Balthazar, der auf einem steilen Hang stand und seine Umgebung im Blick hatte.

„Wo führt dich dein Weg, junger Ziege?" fragte Balthazar mit einer tiefen, freundlichen Stimme.

„Ich suche nach dem, was mich jenseits der Berge erwartet," erklärte Zeno. „Ich möchte verstehen, warum ich so unruhig bin und was es bedeutet, die Welt zu entdecken."

Balthazar nickte verständnisvoll. „Die Berge sind wie eine Leinwand, auf der du deine eigene Geschichte malen kannst. Die Pfade, die du beschreitest, sind die Linien deiner Reise. Jeder Schritt wird dich näher zu dem führen, was du suchst."

„Aber wie finde ich heraus, welche Pfade ich gehen soll?" fragte Zeno.

„Höre auf dein Herz," antwortete Balthazar. „Es wird dir zeigen, wohin du gehen musst. Vertraue auf deine Instinkte, und du wirst den richtigen Weg finden."

Mit diesen ermutigenden Worten setzte Zeno seine Reise fort, entschlossen, den Ruf der verborgenen Pfade zu folgen.

Als Zeno weiter wanderte, gelangte er in eine wunderschöne Lichtung, in der sich die Jahreszeiten in einem harmonischen Tanz vereinten. Der Frühling zeigte sich in leuchtenden Farben, der Sommer in goldenem Glanz, der Herbst in warmen Rottönen und der Winter in einem sanften, glitzernden Weiß.

Zeno betrachtete die Farbenpracht und fühlte sich von der Schönheit der Natur berührt. Plötzlich tauchte eine anmutige, silberne Eule namens Elysia auf, die sanft durch die Luft schwebte.

„Was hat dich hierher geführt, kleiner Ziegenfreund?" fragte Elysia mit einer sanften Stimme.

„Ich habe die Schönheit der Jahreszeiten gesehen und frage mich, wie ich meine eigene Reise verstehen kann," antwortete Zeno.

Elysia lächelte weise. „Die Jahreszeiten sind wie Kapitel im Buch der Natur. Jede Zeit hat ihre eigene Bedeutung und trägt zur großen

Geschichte bei. Dein Weg ist ähnlich – er besteht aus verschiedenen Phasen, die dir helfen werden, dich selbst zu entdecken."

„Wie kann ich meine eigene Phase erkennen?" fragte Zeno.

„Schau auf die Zeichen um dich herum," erklärte Elysia. „Die Natur wird dir Hinweise geben, welche Phase du durchläufst und wie du dich entwickeln kannst."

Zeno ließ sich von Elysias Worten inspirieren und beobachtete aufmerksam die Veränderungen um ihn herum, um die Bedeutung seiner eigenen Reise zu erkennen.

Auf seiner Reise fand Zeno einen geheimnisvollen Bergsee, dessen Wasser kristallklar und ruhig war. Die Oberfläche des Sees reflektierte die majestätischen Gipfel der Berge und den endlosen Himmel. Neben dem See wuchs eine alte, ehrwürdige Linde, deren Äste sich wie schützende Arme ausbreiteten.

„Willkommen, junger Reisender," sagte die Linde mit einer tiefen, beruhigenden Stimme. „Was führt dich zu mir?"

„Ich suche nach einem tiefen Verständnis meiner Reise und der Bedeutung meines Weges," erklärte Zeno.

Die Linde nickte weise. „Der Bergsee spiegelt das wider, was in dir ist. Wenn du in das Wasser schaust, siehst du nicht nur dein Spiegelbild, sondern auch die Klarheit deiner Gedanken und Gefühle. Das Wasser kann dir helfen, Antworten zu finden, die du in deinem Herzen trägst."

Zeno beugte sich über das Wasser und betrachtete sein Spiegelbild. Die Ruhe des Sees half ihm, seine Gedanken zu ordnen und seine eigenen Gefühle besser zu verstehen. Er erkannte, dass Klarheit nicht nur durch äußere Beobachtungen, sondern auch durch die Reflexion in sich selbst gefunden wird.

Als die Nacht hereinbrach und der Himmel von unzähligen Sternen erleuchtet wurde, fand Zeno sich auf einem offenen Hochplateau wieder. Der Himmel funkelte in einem glitzernden Sternenmeer, und die Sternbilder zeichneten leuchtende Bilder in den Himmel.

Zeno blickte zum Himmel und sah einen vertrauten, leuchtenden Stern, der besonders hell strahlte. Ein alter, weiser Stern namens Lyra sprach zu ihm: „Junge Ziege, du hast eine lange Reise hinter dir. Was suchst du noch in den Sternen?"

„Ich versuche herauszufinden, was meine Reise bedeutet und wie ich meinen Platz in der Welt finden kann," antwortete Zeno.

Lyra strahlte warm. „Die Sterne sind wie Wegweiser in der Nacht. Sie zeigen dir, dass auch du deinen eigenen Platz im großen Universum hast. Dein Weg ist einzigartig, und manchmal musst du den Himmel beobachten, um zu erkennen, wie du dich einfügen kannst."

„Wie finde ich meinen Platz im großen Ganzen?" fragte Zeno.

„Schau auf die Sterne und erkenne, dass du Teil eines größeren Bildes bist," erklärte Lyra. „Jeder Stern hat seine eigene Position und Bedeutung, und so hast auch du deinen Platz in der Welt."

Mit diesen Worten in seinem Herzen setzte Zeno seine Reise fort und fühlte sich von der Weisheit der Sterne geleitet.

Auf seinem weiteren Weg gelangte Zeno zu einer kleinen, idyllischen Alm, auf der eine freundliche Herde von Ziegen lebte. Die Herde begrüßte ihn herzlich und bot ihm eine warme Unterkunft. Bei einem gemeinsamen Abendessen erzählte Zeno von seinen Abenteuern und den Lektionen, die er gelernt hatte.

Die älteste Ziege der Herde, eine weise und gütige Ziegenfrau namens Amara, hörte aufmerksam zu. „Du hast auf deiner Reise viele wichtige

Dinge gelernt," sagte Amara. „Aber erinnere dich, dass du nicht alleine bist. Die Gemeinschaft ist ein wichtiger Teil unserer Reise."

„Wie kann ich meine Erfahrungen mit der Gemeinschaft teilen?" fragte Zeno.

„Durch deine Taten und deine Offenheit," antwortete Amara. „Teile deine Geschichten und deine Weisheit. Jeder, der deine Reise hört, wird etwas Wertvolles mitnehmen können. Gemeinsam können wir wachsen und lernen."

Zeno verstand, dass seine Reise nicht nur seine persönliche Entdeckung, sondern auch ein Beitrag zur Gemeinschaft war. Er begann, seine Erfahrungen mit den anderen Ziegen zu teilen und half ihnen, ihre eigenen Wege zu finden.

„Die Reise ist nicht nur eine Suche nach Antworten," sagte Zeno oft. „Sie ist auch eine Gelegenheit, sich selbst und die Welt um uns herum besser zu verstehen. Wir alle haben unsere eigene Reise, und es ist wichtig, diese mit anderen zu teilen."

Zeno wurde zu einem Symbol der Entdeckung und des Wachstums. Seine Herde schätzte seine Beiträge und erkannte die Bedeutung seiner Reise für die Gemeinschaft.

Und so endete die Reise von Zeno, der jungen Ziege, dessen Abenteuer nicht nur eine Suche nach dem eigenen Weg waren, sondern auch eine Entdeckung der Bedeutung des Lebens und der Verbindung zu anderen.

The Path of the Mountain Goat Heart

High up in the Alps lived a young goat named Zeno. Zeno was not an ordinary goat; he was known for his extraordinary curiosity and his insatiable urge to explore the world beyond the familiar mountains. While the other goats rested contentedly on their quiet meadow, Zeno's thoughts often soared beyond the clouds, searching for something that touched him deeply within.

One morning, as the sun bathed the snow-capped peaks in golden light, Zeno perched on a large rock and gazed over the valley below. "Why do I feel so restless? What is it that fascinates me so much about what lies beyond the mountains?"

His wise friend, an old eagle named Arcturus, soaring high in the sky, noticed Zeno's thoughtful demeanor. "Zeno, every soul has its own journey. Your yearning is a sign that your heart strives for something greater. If you have the courage, you can write your own story."

These words resonated deeply in Zeno's heart. That day, he decided to seek the answers to his questions and embark on his own journey.

Zeno set out on his journey, wandering through the breathtaking mountains that stretched like endless, majestic columns toward the sky. As he roamed the Alps, he encountered an old, wise ibex named Balthazar, standing on a steep slope, keeping a watchful eye on his surroundings.

"Where does your path lead you, young goat?" Balthazar asked with a deep, friendly voice.

"I am seeking what lies beyond the mountains," Zeno explained. "I want to understand why I am so restless and what it means to discover the world."

Balthazar nodded understandingly. "The mountains are like a canvas on which you can paint your own story. The paths you tread are the lines of your journey. Each step will bring you closer to what you are seeking."

"But how do I find out which paths to take?" Zeno asked.

"Listen to your heart," Balthazar replied. "It will show you where you need to go. Trust your instincts, and you will find the right way."

With these encouraging words, Zeno continued his journey, determined to follow the call of hidden paths.

As Zeno traveled further, he came upon a beautiful clearing where the seasons danced in harmonious unity. Spring displayed vibrant colors, summer in golden splendor, autumn in warm reds, and winter in a soft, glittering white.

Zeno admired the beauty of the changing seasons and felt deeply moved by nature's splendor. Suddenly, a graceful silver owl named Elysia appeared, gently gliding through the air.

"What brings you here, little goat?" Elysia asked with a soft voice.

"I have seen the beauty of the seasons and wonder how I can understand my own journey," Zeno replied.

Elysia smiled wisely. "The seasons are like chapters in the book of nature. Each time has its own significance and contributes to the grand story. Your journey is similar—it consists of different phases that will help you discover yourself."

"How can I recognize my own phase?" Zeno asked.

"Look at the signs around you," Elysia explained. "Nature will give you clues about what phase you are in and how you can grow."

Zeno took Elysia's words to heart and observed the changes around him, seeking to understand the meaning of his own journey.

On his journey, Zeno came across a mysterious mountain lake with crystal-clear, serene waters. The lake's surface reflected the majestic peaks of the mountains and the endless sky. Next to the lake stood an old, venerable linden tree with branches spread out like protective arms.

"Welcome, young traveler," said the linden tree in a deep, soothing voice. "What brings you to me?"

"I am seeking a deeper understanding of my journey and the meaning of my path," Zeno explained.

The linden tree nodded wisely. "The mountain lake reflects what is within you. When you look into the water, you see not only your reflection but also the clarity of your thoughts and feelings. The water can help you find the answers you carry in your heart."

Zeno leaned over the water and gazed at his reflection. The tranquility of the lake helped him organize his thoughts and better understand his own feelings. He realized that clarity is found not only through external observations but also through inner reflection.

As night fell and the sky was illuminated by countless stars, Zeno found himself on an open plateau. The sky sparkled with a sea of glittering stars, and the constellations painted bright pictures in the sky.

Zeno looked up at the sky and noticed a particularly bright, familiar star. An old, wise star named Lyra spoke to him: "Young goat, you have traveled a long way. What are you still seeking among the stars?"

"I am trying to understand the meaning of my journey and how I can find my place in the world," Zeno replied.

Lyra shone warmly. "The stars are like signposts in the night. They show you that you too have your own place in the grand universe. Your path is unique, and sometimes you need to observe the sky to see how you fit in."

"How do I find my place in the grand scheme?" Zeno asked.

"Look at the stars and recognize that you are part of a larger picture," explained Lyra. "Each star has its own position and significance, and so do you in the world."

With these words in his heart, Zeno continued his journey, feeling guided by the wisdom of the stars.

Further along his journey, Zeno arrived at a small, idyllic meadow where a friendly herd of goats lived. The herd welcomed him warmly and offered him a comfortable place to stay. During a shared evening meal, Zeno shared his adventures and the lessons he had learned.

The oldest goat of the herd, a wise and kind goat named Amara, listened attentively. "You have learned many important things on your journey," Amara said. "But remember, you are not alone. Community is an important part of our journey."

"How can I share my experiences with the community?" Zeno asked.

"Through your actions and your openness," Amara replied. "Share your stories and your wisdom. Everyone who hears your journey will gain something valuable. Together, we can grow and learn."

Zeno understood that his journey was not only his personal discovery but also a contribution to the community. He began sharing his experiences with the other goats and helped them find their own paths.

"The journey is not just a quest for answers," Zeno often said. "It is also an opportunity to better understand ourselves and the world around us. We all have our own journey, and it is important to share it with others."

Zeno became a symbol of discovery and growth. His herd valued his contributions and recognized the significance of his journey for the community.

And so ended the journey of Zeno, the young goat, whose adventure was not just a search for his own path but also a discovery of the meaning of life and the connection to others.

www.ingramcontent.com/pod-product-compliance
Lightning Source LLC
Chambersburg PA
CBHW061639130726
47996CB00003B/1373